# Le Petit Grimoire aux grands pouvoirs
## et ses cartes magiques

Quatrième édition



Textes de Malory Malmasson.
Illustrations de Camille Bellet.

ISBN : 978-2-84933-497-3



www.editions-tredaniel.com
info@guytredaniel.fr
www.facebook.com/editions.tredaniel

# Le Petit Grimoire aux grands pouvoirs
## et ses cartes magiques

Malory Malmasson
& Camille Bellet

Éditions **CONTRE-DIRES**
19, rue Saint-Séverin
75005 Paris

# SOMMAIRE

# Présentation

Bonjour, je suis Luminella ! J'ai eu la chance de parcourir l'Univers entier et de découvrir ses trésors.

Au cours de mon voyage, j'ai rencontré des êtres extraordinaires et des créatures fantastiques. Grâce à eux, j'ai connu des aventures palpitantes !

Lors de ma quête, j'ai pu apprendre de nombreuses choses, mais j'ai surtout découvert de grands pouvoirs. Je dois t'avouer qu'ils ont changé ma vie de manière positive ! Aujourd'hui, j'ai la chance de pouvoir les utiliser au quotidien afin de rendre ma vie meilleure.

J'aimerais beaucoup partager ces pouvoirs avec toi. C'est pour cela que j'ai écrit ce petit grimoire et que j'ai créé ses cartes magiques.

Tu y trouveras des exercices, des jeux et des missions à réaliser qui te permettront de développer, toi aussi, tes super pouvoirs. Ils auront des effets positifs dans ta vie de tous les jours.

Ne te fie pas aux apparences ! Ce n'est pas parce que ce carnet est petit par sa taille qu'il n'est pas grand par sa valeur. Eh oui ! Même quand on est petit, on peut avoir de grands pouvoirs !

Pour utiliser correctement le grimoire et ses cartes magiques, il te suffit de :

1. Respirer calmement.
2. Piocher une carte magique en demandant intérieurement à recevoir de l'aide, un conseil ou une mission à réaliser en fonction de ce qui est bon pour toi.
3. D'observer la carte que tu as piochée. Puis, d'ouvrir le grimoire à la page qui correspond à ta carte afin d'en savoir plus sur le super pouvoir que tu peux développer et sur la mission que tu as à réaliser.

Bien entendu, tu peux utiliser tous ces pouvoirs à n'importe quel moment sans même avoir pioché une des cartes magiques…

# Pouvoir de l'intention, de la visualisation

Parmi tous les pouvoirs que j'ai découverts, je dois t'avouer que les pouvoirs de la visualisation et de l'intention sont les plus puissants ! C'est en effet grâce à eux qu'il est possible de réaliser tout ce que nous souhaitons dans les mondes invisibles qui se trouvent en nous et autour de nous. Tu sais, mon ami·e, ces mondes sont invisibles pour nos yeux physiques, mais si on regarde avec nos autres yeux, c'est-à-dire avec ceux du cœur, eh bien nous pouvons voir ces mondes très clairement.

Le pouvoir de l'intention, qu'est-ce que c'est ? Cela consiste à désirer quelque chose très fort au fond de soi, et à imaginer par quels moyens nous pouvons l'obtenir.

Le pouvoir de la visualisation, quant à lui, consiste à imaginer des choses qui nous mettent du baume au cœur, c'est-à-dire qui nous procurent beaucoup de joie et de bonheur ou qui nous réconfortent.

Attention ! Pour que ces deux pouvoirs fonctionnent – et de préférence ensemble, c'est-à-dire en même temps –, il est important qu'ils soient dirigés à partir du cœur, car seuls l'amour et la motivation permettent de les activer ! Bien sûr, on ne peut pas demander n'importe quoi ni faire n'importe quoi avec ces pouvoirs. Ce que nous visualisons ou demandons doit avoir de l'importance, une certaine utilité, et surtout, être positif pour nous et pour les autres.

En tout cas, grâce à eux, tu pourras créer de superbes choses dans les mondes invisibles afin que celles-ci influencent positivement ta vie.

Ah, aussi, j'ai failli oublier, mais le pouvoir de l'intention consiste à rester concentré sur un point immobile afin que nous puissions recevoir certaines révélations, autrement dit, des secrets. Par exemple, lorsque je veux savoir comment mon petit lapin Wiki se sent lorsqu'il ne s'exprime pas, je ferme mes yeux, je relie mon cœur à lui et je me miniaturise afin de me projeter en lui, dans son cœur. Ensuite, je ressens ce qui se passe en lui dans le silence, et je reviens dans mon corps. Tu peux t'entraîner à cela si tu le souhaites.

# La Visualisation Créatrice

Ferme les yeux, respire tranquillement et visualise quelque chose qui te fait du bien ou qui t'apaise. Tu peux même visualiser quelque chose pour une autre personne que toi !

Pour cela, rien de sorcier : il te suffit d'imaginer ce qui te fait du bien tout en y associant tous tes sens, c'est-à-dire l'ouïe (ce que tu entends), l'odorat (ce que tu sens), la vue (ce que tu vois), le toucher (ce que tu touches) et le ressenti (ce que tu ressens).

Par exemple, si tu angoisses à cause de quelque chose que tu dois réaliser à l'école ou la maison, visualise la scène et imagine que tout se passe très bien. Tu imagines, par exemple, que tu es devant tes camarades en train de faire ton exposé, que les autres t'écoutent avec attention ; enfin, tu ressens de la fierté et de la joie. Recommence cette visualisation autant que tu veux jusqu'à temps de ressentir un vrai bien-être et une réelle décontraction (jusqu'à temps de te sentir bien et détendu·e, en fait !).

# La Fusée

Si tu as vraiment un souhait qui te tient à cœur, j'ai une solution pour toi.

Attention, il faut que ce souhait soit très important et qu'il vienne du cœur. Sache que tu obtiendras ce que tu désires, si cela est vraiment bon pour toi !

En fait, imagine que tu places ton souhait dans une petite boîte.

Ensuite, donne-la au pilote de la fusée qui poste les souhaits dans le ciel.

Envoie plein d'amour à cette fusée afin qu'elle ait assez d'énergie pour monter jusqu'au ciel.

Puis, remercie le pilote et attends la livraison de ton souhait.

Attention, cela peut prendre du temps, car le voyage est long tant à l'aller qu'au retour ! Alors, sois patient·e et garde espoir.

Si tu ne reçois aucune nouvelle de ton courrier, c'est parce que tu vas recevoir quelque chose d'encore plus beau plus tard. Alors, sois patient·e et observe les signes que la vie t'envoie. Les signes sont de petits clins d'œil qui expriment le fait que nous avons bien été entendus, mais pour les voir, il faut être bon observateur !

# La Cible

Pense à un objectif que tu as, à ce que tu veux vraiment, à ce qui est important, utile et positif pour toi, et qui fait aussi du bien aux autres. Si tu n'en as aucune idée, tu peux penser à l'objectif ou au souhait d'une autre personne que tu aimes beaucoup, cela l'aidera, j'en suis sûre !

Imagine ton objectif sous la forme d'une cible.

Puis, concentre toute ta volonté dans le bas de ton ventre. La volonté, mon ami·e, c'est ce que tu ressens quand tu veux quelque chose réellement ; il s'agit de l'énergie de ta détermination. Ressens à quel point tu souhaites que cet objectif se réalise !

Puis, concentre tout l'amour et la joie que cet objectif te procure au niveau de ton cœur.

Puis, vise la cible à l'aide d'une balle magique dans laquelle tu envoies plein de magie, de force, de volonté et d'amour.

Enfin, lance cette balle et fais exploser la cible en confettis lumineux !

Le fait que cette balle explose cette cible valide le fait que tu investis ton énergie dans cet objectif et que tu l'aies atteint, tu peux être fier·ère de toi !

# Pouvoir des émotions

Les émotions, c'est ce que nous ressentons en nous. Tu en as déjà entendu parler : il s'agit par exemple de la joie, de la colère ou de la peur. Il en existe beaucoup d'autres.

Les émotions peuvent être positives ou négatives. Lorsqu'elles sont positives, elles font naître en nous une sensation agréable, elles nous procurent un sentiment de bien-être. Lorsqu'elles sont négatives, elles éveillent quelque chose de désagréable, elles nous dérangent et nous perturbent.

En fait, tu vois, les émotions, c'est un peu comme la météo : lorsque tu es triste, il pleut en toi ; lorsque tu es en colère, l'orage gronde ; et lorsque tu te sens bien, le soleil rayonne et ton ciel intérieur est tout bleu !

Les émotions jouent un rôle important dans notre vie, car elles déterminent si nous nous sentons bien ou pas. Lorsque tes émotions sont positives, il faut les apprécier et les faire grandir en toi. Elles doivent remplir tout ton cœur. C'est comme si le soleil qui est en toi devenait de plus en plus grand et brillait de plus en plus fort.

Lorsque les émotions sont négatives, elles t'embêtent et te perturbent. Il faut que tu apprennes à les écouter, à les accepter puis à les transformer en lumière.

Lorsque l'on ressent des émotions négatives, il est vrai que c'est très désagréable. Cependant, avant de les chasser, il faut comprendre ce qu'elles sont venues nous dire. Pour cela, il faut les accepter, leur dire gentiment bonjour puis les écouter. Essaie de discuter avec ton émotion afin qu'elle puisse te dire pourquoi elle est venue à ta rencontre. Je suis certaine qu'elle a des choses très intéressantes à te raconter. Une fois que tu te sentiras mieux, tu pourras la transformer en confettis lumineux. Pour t'aider à discuter avec ton émotion, tu peux l'imaginer sous la forme d'un petit bonhomme. Tu peux même la dessiner si tu veux ! Cela t'aidera à l'évacuer.

Aussi, lorsque tu es fâché·e ou mécontent·e, sache que ce n'est pas grave ; je dois même avouer que ça arrive souvent à la plupart des gens. Il y a un tas de raisons qui peuvent faire que l'on soit de mauvaise humeur. L'important, c'est de savoir pourquoi la colère est venue en toi avant de lui demander de repartir. Elle a besoin qu'on la comprenne afin qu'elle puisse se transformer en paix. Une fois que tu as compris ce qui l'a fait naître en toi, tu pourras ensuite l'évacuer.

Enfin, lorsque tu es triste, si tu sens que ton cœur est lourd, il est important de prendre le temps de respirer calmement et d'accepter cette émotion en toi. Ce n'est pas une honte d'être triste, cela arrive parfois. C'est important de comprendre pourquoi on est triste avant de pouvoir dire au revoir à cette émotion, sinon, elle risque de revenir…

En tout cas, pour t'aider à gérer tes émotions, afin d'utiliser le pouvoir de celles qui sont positives, tu peux utiliser mes cartes magiques qui t'indiqueront quels exercices réaliser.

# La Météo Intérieure et le Baromètre des Émotions

Prends une feuille et des crayons de couleur, et dessine ta météo intérieure. Pour cela, ferme les yeux et prends le temps de respirer profondément. Ensuite, observe ce qui se passe à l'intérieur de toi. Est-ce calme ou est-ce mouvementé ? Fait-il beau temps, ou au contraire, est-ce que le temps est pluvieux ? Est-ce ensoleillé ou bien tout gris ?

D'ailleurs, si tu le veux, pour t'aider, tu peux aussi dessiner ce baromètre et colorier le côté qui correspond à ton humeur.

J'ai aussi une autre proposition pour toi : pourquoi ne présenterais-tu pas ton bulletin météorologique intérieur ?

Tu peux, par exemple, exprimer : « Aujourd'hui, il pleut sur mon cœur, car je suis triste que les vacances se terminent. » Ou bien : « Aujourd'hui, il fait grand soleil en moi, car je suis heureux·se de jouer au ballon. »

Enfin, tu peux comparer tes émotions à des objets ou des choses que tu connais, par exemple :

- Si ta joie était un soleil, de quelle taille seraient ses rayons ? Petits, moyens, grands, géants ?
- Si ta tristesse était de l'eau, représenterait-elle une bouteille d'eau, un ruisseau, une rivière, un lac, un océan ?
- Ta peine est-elle aussi grosse qu'une bille, qu'un ballon, qu'une montgolfière ?
- Si ta peur était vivante, serait-elle un puceron, une mouche, un loup, un crocodile ?

# La Super Poubelle

Fabrique une petite poubelle avec trois compartiments. Pour cela, prends par exemple trois petites boîtes en carton ou bien trois petites pochettes.

Un compartiment sera dédié aux tracas et soucis du moment ; un autre aux émotions négatives ; et enfin, un dernier aux actions et mots négatifs qui auront été faites ou prononcés. Tu peux coller une étiquette sur chaque poubelle afin d'indiquer son rôle.

Une fois cette opération terminée, tu pourras garder cette super poubelle de tri sélectif afin d'y jeter ce que tu désires à l'intérieur.

Par exemple, si tu as dit un gros mot, tu peux le mettre dans le compartiment dédié à cet effet. Pour cela, si tu le veux, tu peux dessiner ton mot sur un papier et placer ce dernier dans la poubelle.

Tu peux aussi inviter d'autres personnes à jeter des choses dans cette poubelle.

Si tu tires une carte « Super Poubelle », tu peux la vider en détruisant les petits papiers en confettis lumineux. Essaie aussi de voir ce que tu as à placer dedans par rapport à la journée ou à la semaine que tu viens de passer.

# Le Volcan

Mon ami·e, es-tu énervé·e ou en colère aujourd'hui ? Si oui, tu devrais utiliser cette carte et cet exercice tout de suite. Sinon, garde cette carte précieusement avec toi afin de l'utiliser la prochaine fois que tu ressentiras ces émotions !

Lorsque tu es en colère ou énervé·e, imagine qu'un volcan se trouve à l'intérieur de toi et que celui-ci est en pleine éruption. La lave coule, dégouline et brûle tout sur son passage.

Parle alors calmement à ce volcan afin de l'apaiser. Demande-lui de se calmer et explique-lui pourquoi. Dis-lui des mots gentils et envoie-lui plein de lumière et d'amour.

Lorsque le volcan est redevenu calme, lorsque la lave ne coule plus, laisse entrer de la lumière en toi afin qu'elle nettoie les cendres que la lave a laissées derrière elle.

C'est alors que tu peux voir en toi un joli champ de fleurs qui poussent… Sens leur odeur, leur parfum, et chante-leur une jolie chanson pour les faire pousser encore plus haut et pour les rendre encore plus belles.

# Pouvoir de l'expression et de la gratitude

Le pouvoir de l'expression permet d'évacuer vers l'extérieur ce qui se cache à l'intérieur de nous. Ce pouvoir a réellement changé ma vie, car il m'a appris le pouvoir des mots. Lorsque l'on parvient à exprimer ce qui se passe au fond de nous, ce que l'on ressent, cela permet de nous apaiser si l'on se sent mal, ou de nous rendre encore plus heureux si l'on se sent bien !

Il faut savoir exprimer les choses quand ça ne va pas, quand tu ne te sens pas bien. Par exemple, lorsque je suis triste ou peinée, je me confie à ma famille. Ils peuvent ainsi me comprendre et essaient de m'aider : ils me conseillent et me réconfortent.

Toutefois, il faut également exprimer les choses quand tout va bien. Par exemple, quand je suis contente lorsque quelqu'un m'offre un cadeau, je lui fais un câlin et je lui dis que cela me rend heureuse. En faisant cela, je le rends heureux à son tour !

En fait, lorsque l'on s'exprime par des mots ou par des gestes on peut donner une forme à ce qui se passe en nous et on libère tout ce qui est à l'intérieur ; en plus, ça permet aux autres de mieux nous comprendre !

Je voulais aussi te confier un autre secret… Sais-tu quel est le mot le plus puissant du Monde ? C'est le mot MERCI ! Un simple « merci » permet d'envoyer des énergies très positives à la personne qui l'exprime et à celle qui le reçoit. La gratitude sert à exprimer son contentement et sa joie.

Ce n'est pas qu'une formule de politesse, mais une vraie formule magique ! Si des personnes ignorent ce pouvoir, tu pourrais peut-être leur expliquer ce qu'elles ratent ! J'ai appris que lorsque l'on dit merci avec son cœur, cela diffuse de bonnes énergies tout autour de nous. Puis, ces énergies reviennent dans notre cœur pour l'envelopper d'une grande gaieté et d'un sentiment fantastique : l'amour ! Plus nous disons merci, plus nous nous sentons heureux. Je dis alors merci à toutes les personnes qui font quelque chose de bien pour moi. Je dis merci lorsque je reçois quelque chose. Je dis merci lorsque je suis heureuse.

Bon, je suis trop bavarde, je te laisse réaliser de super entraînements pour développer tes super pouvoirs ! Avant de les réaliser, tu peux déjà utiliser ceux-ci, car ils sont d'une extrême importance.

Pendant quelques jours, tous les soirs, au moment de te coucher, tu peux remercier la vie pour tout ce qu'elle t'a apporté et tout ce qui t'a fait du bien. Par exemple, pour les superbes choses que tu as pu faire, ou pour les bons moments que tu as pu passer pendant la journée, pour les gens que tu aimes et qui sont présents dans ta vie… En faisant cela, tu vas attirer plein de magie autour de toi et tu vas bien dormir.

Tu peux aussi, pendant ces quelques jours, le matin, remercier pour la journée qui s'annonce. Profites-en pour remercier l'eau, l'air, la terre, le feu, les végétaux, les minéraux et les animaux d'exister. Puis, demande-toi ce que tu vas faire pour rendre ta journée agréable, mais aussi pour embellir celle des autres ?

En tout cas, chaque journée qui passe est un cadeau, et il est bien de pouvoir l'apprécier !

# La Communication Magique

Lorsque quelqu'un me blesse, j'aime lui expliquer à quel point il m'a fait du mal afin qu'il comprenne son acte. Pour cela, j'utilise la communication magique. De même, j'utilise ce super pouvoir lorsque j'ai besoin d'exprimer mes sentiments à quelqu'un ou lorsque je ressens l'envie d'exprimer mes souhaits et désirs qui me paraissent importants.

Pour cela, j'utilise une formule magique : je commence ma phrase par « Je ressens que… », je la continue ensuite en ajoutant « mon besoin est… », puis je la termine en exprimant une demande en disant « peux-tu… ? »

Bien entendu, je complète ces phrases en fonction de ce que j'ai besoin d'exprimer. Par exemple : « Je ressens de la tristesse, car ta phrase m'a blessée. Mon besoin est que tu prennes soin de moi, peux-tu être plus gentil avec moi, s'il te plaît ? »

Mon ami·e, si tu as pioché cette carte, c'est qu'à mon avis, il est temps pour toi d'utiliser cette formule magique afin de simplifier la communication et l'expression entre les autres et toi-même.

Es-tu prêt·e à l'utiliser ? Peut-être même que tes proches pourront aussi s'en servir. N'hésite pas à leur proposer !

Mais, au fait, peut-être que tu ne sais pas ce qu'est un besoin ? Un besoin, c'est ce qui est nécessaire, c'est quelque chose qu'il est important pour nous de recevoir. Il ne s'agit pas forcément d'un objet, mais bien souvent d'attention, de câlins, de gentillesse, de bienveillance…

# Merci

Cet exercice est trop amusant : il s'agit de remercier en utilisant les lettres du mot « M.E.R.C.I. »

Par exemple, avec le M : « Merci pour mes Mains qui me sont bien utiles » ; avec le E : « Merci pour les Efforts que j'ai pu réaliser » ; avec le R : « Merci pour les Rires » ; avec le C : « Merci pour le Coucher du soleil » ; avec le I : « Merci pour les bonnes Idées que j'ai eues aujourd'hui. »

N'hésite pas à répéter les phrases que tu auras écrites plusieurs fois avec plein de joie et de bonne humeur.

# Pouvoir de la confiance en soi

Le pouvoir de la confiance en soi permet de découvrir toutes les merveilleuses qualités qui se cachent en toi et qui te rendent fort·e. En fait, tu as en toi plein de qualités que tu n'imagines même pas, et que tu dois apprendre à découvrir.

Sache que tu es une personne formidable, et que tu mérites de rayonner pleinement comme un grand et magnifique soleil ! En utilisant mes cartes magiques, tu découvriras tous les trésors que tu renfermes et qui te rendent exceptionnel·le. D'ailleurs, pourrais-tu me dire ce que tu aimes chez toi, dans ta personnalité ?

# L'Ami·e Intérieur·e

Cette carte magique t'invite à communiquer avec ton ami·e intérieur·e.

Lorsque tu as besoin de faire un choix et que tu n'y parviens pas, demande conseil à ton ami·e intérieur·e. Il ou elle peut t'aider à prendre les bonnes décisions. Cet·te ami·e peut aussi t'aider lorsque tu as peur, lorsque tu doutes, lorsque tu te sens raplapla. Tu peux lui demander son aide quand tu le souhaites, dans n'importe quelle situation. Il ou elle est vraiment là pour t'aider.

Pour pouvoir l'entendre, il faut faire taire les voix qui se trouvent autour de lui ou d'elle, car il ou elle est entouré·e d'une foule immense qui fait beaucoup de bruit.

Demande gentiment et poliment à ces personnes de se taire. C'est bon ?

Maintenant que le calme règne, sois bien attentif·ve aux paroles de cet·te ami·e, car il ou elle chuchote. Il ou elle va t'aider à prendre une décision ou te chuchoter des choses très intéressantes… Prends ton temps et écoute-le·la. Plus tu seras calme, et mieux tu l'entendras.

Au fait, j'allais oublier, mais cet·te ami·e intérieur·e t'enverra un signal intérieur quand tu seras prêt·e à prendre la bonne décision, ou à prendre la bonne direction, ou à faire le bon choix dans ta vie : tu ressentiras une vague de bien-être, une vague d'amour en toi.

# Le Double Supragalactique

Cette carte magique t'invite à communiquer avec ton double supragalactique.

En fait, quand tu souhaites avoir des réponses à tes questions ou quand tu te sens perdu·e, lorsque tu as besoin de supramerveilleux conseils magiques et efficaces, sache que tu peux toujours recevoir une aide énorme. Cette aide, sais-tu de qui elle vient ? Eh bien de toi ! Une partie de toi est reliée à des informations supragalactiques. Cela s'appelle la conscience supérieure.

Afin de recevoir ces super informations, il te suffit d'emprunter une supra-échelle.

Pour cela, projette-toi à l'intérieur de ta tête. Imagine-toi à l'intérieur de ta tête en train d'essayer de sortir par le sommet de ton crâne.

Tu y parviens et te voilà debout, sur ta tête ! Y vois-tu une grande échelle ? Celle-ci monte jusque dans le ciel.

Allez ! Gravis cette échelle et rejoins le ciel.

Te voilà arrivé·e ! Dans cet endroit, tu dois pouvoir trouver ton double supragalactique. Mets-toi à sa recherche.

Une fois que tu l'as trouvé, pose-lui les questions que tu souhaites, et écoute-le attentivement.

Lorsque tu as terminé, remercie-le, prends toutes les informations et les réponses qu'il t'a données, et redescends de l'échelle pour retourner dans ta tête.

# La Cape de Superhéros

Cette carte magique t'invite à découvrir et à utiliser ta super cape de superhéros.

Il te suffit de porter cette cape dès que tu en as besoin, en l'imaginant, et de la rendre invisible avec la formule « Invisiblio Magico ! » Ainsi, tous tes super pouvoirs seront décuplés.

Porte cette cape dès que tu redoutes une situation, c'est-à-dire lorsqu'elle te fait peur, lorsque tu ne te sens pas assez fort·e pour la dépasser.

Aussi, si tu as peur de l'échec – de rater, de ne pas réussir quelque chose –, sache que je te comprends, car j'ai moi-même vécu cela. Mais rassure-toi, si tu échoues, ce n'est pas grave, bien au contraire ! Ta fierté d'avoir dépassé ta peur doit être plus grande que ta déception d'avoir échoué.

Qu'y a-t-il de plus courageux que d'essayer de vaincre ses craintes ou ses doutes ? Sois fier·ère de toi, quoi qu'il arrive, et donne-toi de la valeur ! Apprends à te féliciter pour les efforts et les progrès que tu as réalisés.

# La Médaille de la Fierté

Si c'est la première fois que tu tires cette carte, je t'invite à créer ta médaille de la fierté. Pour cela, prends un carton et dessine une belle et grosse médaille dessus. Découpe-la ensuite, si tu es assez grand·e pour cela ; sinon, demande à un adulte. Décore-la légèrement et colorie-la, tu dois la trouver belle !

Une fois ta superbe médaille terminée, garde-la précieusement, elle te servira à l'avenir. En fait, à chaque fois que tu réaliseras une action dont tu seras fier·ère, dont tu seras content·e, tu pourras dessiner une belle étoile dessus. Lorsque ta médaille sera pleine d'étoiles, tu pourras en créer une nouvelle… encore plus grosse !

En tout cas, si tu as pioché cette carte magique, il est temps de te demander ce que tu souhaites accomplir et réaliser dans les jours qui viennent, afin d'être fier·ère de toi. Tu peux te demander ce qui te ferait du bien ou ce qui ferait plaisir à tes proches ou à tes ami·es. Dès que tu auras réalisé cette action, tu pourras dessiner une belle étoile sur ta médaille.

# Pouvoir de la bonté et de la joie

La bonté, c'est quand nous voulons faire du bien autour de nous. Nous devenons alors un énorme rayon de soleil pour les autres et nous les rendons heureux. Je compte sur toi pour réaliser de magnifiques actions qui rendront ce monde meilleur, et qui te permettront de développer ce magnifique pouvoir qui saura nourrir ton cœur et celui des autres.

La joie, c'est ce que l'on ressent lorsque quelque chose nous procure beaucoup de pétillement intérieur, lorsque l'on sent des confettis multicolores envahir notre tête et notre corps. Lorsque l'on se sent joyeux·se, on se sent heureux·se et content·e ; tout devient génial et on sent que c'est la fête à l'intérieur de nous.

# L'Agent Secret et la Bonne Fée

Cette carte te confie une mission de la plus haute importance : tu vas devenir mon agent secret infiltré ou bien une superbe fée, selon ce que tu préfères.

Ta mission ? Répandre le bonheur autour de toi, aider les personnes qui t'entourent et prendre soin d'elles. Tu peux aussi demander aux autres s'ils ont besoin de ton aide, si tu peux leur rendre un service.

Et bien entendu, ne révèle cette mission à personne, puisqu'elle est secrète ! Réalise-la dès à présent s'il n'est pas trop tard ; sinon, remets cette mission à demain matin.

# La Catapulte d'Amour

Cette carte magique t'invite à fermer les yeux et à utiliser une catapulte d'amour.

Pour utiliser la catapulte, il te faut des boulets, et pas n'importe lesquels ! Des boulets d'amour.

Ce sont les boulets les plus puissants qui existent ! Sais-tu pourquoi ? Car l'amour transforme tout le négatif qui existe ici sur Terre en particules et confettis lumineux qui serviront ensuite à réaliser des actions altruistes, c'est-à-dire des actions positives pour la planète entière !

Tu l'auras donc compris : pour faire fonctionner la catapulte, il faut que tu ressentes beaucoup d'amour.

Ensuite, amuse-toi avec la catapulte de lumière et tes super boulets magiques pour en envoyer partout sur la planète.

# Les Plantes Karmavoraces

Essaie de penser à la dernière fois où tu as réalisé une action pas franchement gentille, ou dit quelque chose de blessant à une personne, ou fait quelque chose de pas vraiment sage.

Appelle ensuite les plantes karmavoraces et donne-leur cela à manger. Ces plantes adorent manger tout ce qu'il y a de négatif sur Terre. Elles le mâchouillent, le digèrent et le transforment en lumière.

Offre à ces plantes tes mauvaises paroles ou tes mauvais gestes, elles n'en feront qu'une bouchée !

Tu peux aussi utiliser ces plantes afin qu'elles mangent toute chose négative dont tu veux te débarrasser et qui est immatérielle, c'est-à-dire, qui n'existe pas physiquement. Par exemple : un mensonge, un cauchemar, une parole blessante, etc.

# Pouvoir de la paix intérieure

La paix intérieure, c'est quand tu te sens bien, apaisé·e et calme. Tu es en harmonie avec toi-même et rien ne vient perturber ce sentiment intérieur agréable. Lorsque nous nous sentons en paix, rien ne nous dérange intérieurement : ni émotion, ni pensée, ni problème, ni souvenir ; nous nous sentons bien et c'est tout ! Développe ce pouvoir si tu veux te sentir tranquille et paisible, ça fait tellement du bien !

# Les Cerfs-Volants

Cette carte magique t'invite à apprendre à gérer tes pensées, car celles-ci peuvent parfois te déranger si tu veux être au calme intérieurement.

En fait, lorsque la petite voix qui est dans ta tête te parle et te dérange trop, j'ai une solution pour toi.

Imagine que tes pensées sont de petits cerfs-volants ou bien des bulles de savon.

Ceux-ci prennent petit à petit de la hauteur et s'envolent tranquillement vers le ciel. Ils te libèrent ainsi l'esprit.

# Le Sac à Tracas et la Prison des Peurs

Si tu as pioché cette carte magique, c'est qu'il est temps de transmuter tes soucis ou tes peurs. C'est-à-dire transformer en lumière, en amour et en positif tout ce qui t'encombre et te tourmente.

Si tu as un souci, imagine un sac à tracas devant toi.

Il te suffit de placer tes soucis à l'intérieur pour qu'il t'aide à te sentir plus détendu·e.

Place tes tracas à l'intérieur et ferme le sac avec force ! Allez, plus fort que ça ! Super, bon travail mon ami·e !

Maintenant, il ne te reste plus qu'à donner ce sac à un crocodile ou à un loup. Ils vont t'aider à t'en débarrasser et à n'en faire qu'une bouchée. Dès qu'ils auront digéré tes soucis, ils les rejetteront sous la forme d'une lumière éblouissante et merveilleuse.

Si tu as des peurs (par exemple : des araignées, des serpents, des monstres), tu peux te connecter à la prison des peurs qui existe dans un monde très lointain.

Je te propose d'y envoyer et d'y enfermer ta peur. Pour cela, pense à ta peur. Est-ce que tu la ressens en toi ? Ensuite, fais-la sortir de toi et repousse-la très très très loin, jusqu'à la prison des peurs. Une fois qu'elle est arrivée là-bas, sois rassuré·e, des gardiens veilleront sur elle. Tu peux être en sécurité.

# Le Lieu Refuge

Si tu as tiré cette carte, c'est qu'il te faut découvrir ton lieu refuge, ou bien t'y rendre si tu le connais déjà.

Ferme les yeux et imagine une magnifique forêt en toi, dans ton ventre. Cette forêt est verdoyante et lumineuse, tout y est très calme et serein. Balade-toi dans cet endroit magique où tu es en sécurité.

Si tu remarques dans cet endroit des choses non harmonieuses, transforme-les en quelque chose de plus beau.

Tu peux, dans cet endroit, construire une petite cabane rien que pour toi.

Tu pourras venir t'y réfugier dès que tu en ressentiras le besoin : avant de dormir, durant ton sommeil... Tu peux aussi t'y rendre durant la journée si tu as besoin d'avoir un moment calme pour te détendre. Mais attention, quand tu en ressortiras, il faudra veiller à bien t'ancrer et à être en pleine conscience (tu verras, ces pouvoirs sont expliqués dans ce grimoire).

Tu pourras même y faire apparaître tout ce que tu désires.

Rends ta cabane invisible à l'aide de la formule « Invisiblio Magico » ! Ceci est important afin que personne ne puisse te l'emprunter, car, je te le rappelle, c'est ton endroit à toi !

# La Lumière et la Douche de Confettis

Le pouvoir de cette carte est à utiliser la prochaine fois que tu prendras une douche ou un bain.

Imagine que l'eau qui coule sur toi est pure et extrêmement lumineuse. En fait, ce n'est plus de l'eau, mais de la lumière qui coule sur toi. Cette lumière est chargée de confettis colorés qui se collent sur ta peau et qui t'apportent plein de joie. Respire tranquillement et essaie de ressentir tout le calme et toutes les bonnes choses que les différentes couleurs font entrer en toi.

# Pouvoir de la protection invisible

Je trouve qu'il est important de se protéger parfois pour se sentir bien et en sécurité. Je dois avouer qu'auparavant, j'étais moi-même très peureuse, et j'ai été soulagée quand on m'a révélé ces super pouvoirs de protection. À présent, je suis confiante et sereine. Qu'est-ce que ça fait du bien ! Je me protège non pas parce que j'ai peur d'être attaquée, mais parce que ça me fait du bien et me rassure.

Quand quelqu'un est désagréable envers toi, reste gentil·le. C'est la meilleure solution afin de contrer et de lutter contre la méchanceté ! Eh oui, tu sais bien que les superhéros œuvrent avec amour et amabilité. Si on envoie de la colère ou de la méchanceté, celles-ci nous reviennent toujours comme un boomerang. Alors, mon ami·e, veillons à rester des personnes sympathiques et positives.

# Le Bouclier et la Bulle Magique

Si tu as pioché cette carte, peut-être est-ce parce que quelqu'un t'embête ou parce que tu as besoin de te mettre pendant quelque temps dans une bulle ?

Pour t'aider à cela, utilise soit le bouclier soit la bulle magique.

Sais-tu que tu peux porter un bouclier anti-méchanceté durant toute la journée ?

Place ce bouclier devant toi. Personne ne doit le savoir, c'est un secret !

Grâce à ce bouclier, tu ne crains plus rien, tu es préservé·e des paroles méchantes. Les mots méchants seront transformés en lumière lorsqu'ils te rebondiront dessus !

Sinon, à l'aide de ton super pouvoir de l'intention, tu peux créer une bulle de protection autour de toi.

Il te suffit de l'imaginer et de répéter la formule magique qui la rendra invisible : « Invisiblio Magico » !

Répète-la trois fois : « Invisiblio Magico », « Invisiblio Magico », « Invisiblio Magico » !

Ainsi, tu es protégé·e et en parfaite sécurité.

Au passage, sache que tu peux conférer d'autres vertus à cette bulle, c'est-à-dire l'utiliser en lui donnant d'autres pouvoirs. Par exemple, tu peux imprégner en elle des énergies de guérison, des paillettes de confiance en toi, etc.

# Le Talisman de Protection

Si tu as tiré cette carte pour la première fois, c'est qu'il est peut-être temps pour toi d'utiliser un talisman de protection. Sinon, c'est peut-être qu'il est l'heure de réactiver la première.

N'hésite pas à créer puis à placer un talisman de protection auprès de toi si tu ressens le besoin d'être protégé (avant de t'endormir, par exemple). Ce talisman peut consister en n'importe quel objet (un bijou, une peluche, une amulette, etc.), et il aura le pouvoir que tu vas lui conférer, lui donner. C'est toi qui décides. Ce talisman aura de grands pouvoirs qui te protégeront. En fait, choisis un objet ou fabriques-en un. Puis, décide du pouvoir de cet objet. Pour que l'objet enregistre en lui ses nouveaux pouvoirs, il te suffit de répéter « Magica Impregna » trois fois.

# La Baguette Magique

Si tu as tiré cette carte, c'est qu'il est temps de faire le ménage dans ta chambre. Après l'avoir rangée, imagine que tu prends ta super baguette magique puis secoue-la afin qu'elle libère son énergie magique. Si tu veux en créer une, tu peux aussi ; sinon sache que tu en possèdes forcément une dans les mondes magiques, il te suffit de la chercher.

L'énergie de ta baguette est tellement puissante qu'elle expédie les créatures qui t'ennuient à l'extérieur de ta maison !

Pfuit ! Les créatures sont éjectées !

Allez, secoue ta baguette un peu plus fort afin que de magnifiques paillettes s'en libèrent.

Observe toutes ces paillettes qui tourbillonnent dans ta chambre. Ainsi tu es protégé·e et ta chambre est saine et lumineuse. Tu pourras te sentir tranquille et dormir paisiblement.

Et au fait, mon ami·e, tu peux aussi utiliser cette baguette magique si une personne te dit des méchancetés. Il te suffit d'imaginer ces méchancetés sous la forme de grosses boules de neige blanches et lumineuses. Puis, transforme ta baguette magique en raquette magique afin de les renvoyer dans le ciel et de les exploser. Tu pourras voir un vrai feu d'artifice de lumière.

# Pouvoir de l'ancrage et de la pleine conscience

Mon ami·e, pour te permettre d'utiliser tes super pouvoirs, il est nécessaire que tu utilises le pouvoir de l'ancrage et de la pleine conscience.

L'ancrage, ça veut dire être ancré. Mais être ancré, qu'est-ce que ça signifie ? C'est quand nous nous sentons pleinement dans le moment présent et dans le lieu présent, lorsque nous avons les pieds bien sur terre. Pour cela, plusieurs choses sont essentielles : tu dois être content·e de vivre une formidable aventure sur Terre ; tu dois aimer ton corps physique et le cajoler ; tu dois avoir l'esprit dans le moment présent. En fait, être ancré, ça veut dire être enraciné comme un arbre dans le sol et rayonner.

La pleine conscience, c'est avoir ton esprit dans le moment présent, et non pas dans tes rêves ou dans les nuages. C'est un pouvoir qui te permet d'apprécier et de profiter de chaque instant, tout en te sentant connecté·e à tout ce qui t'entoure.

# Démarches

Je te propose de réaliser un exercice assez drôle, tu vas tester différents types de marches. Et surtout, prends ton temps pour ça !

Premièrement, marche comme un robot : ton pas est saccadé et archi lourd.

Deuxièmement, marche comme un cosmonaute : ton pas est léger, tes genoux montent haut, tes pieds touchent à peine le sol.

Troisièmement, marche comme un soldat : ton pas est lourd, tu es tout·e rigide.

Quatrièmement, marche comme une danseuse classique, sur la pointe des pieds, un peu comme si tu volais : tu es gracieux·se.

# Le Câlin aux Arbres

Balade-toi dans le jardin ou dans la forêt, et choisis un arbre qui te plaît, qui t'appelle, par lequel tu es attiré·e, et que tu trouves beau.

Dis bonjour à cet arbre et envoie-lui beaucoup d'amour.

Demande à l'arbre si tu peux lui faire un câlin. Lorsque tu te sens prêt·e, avance-toi vers l'arbre doucement et enlace-le en plaçant ton ventre tout contre son tronc.

Ferme les yeux et respire profondément avec l'arbre, écoute aussi l'arbre respirer.

Ressens toute la force de cet arbre, la force de ses racines, la beauté de ses branches et de ses feuilles, toute sa majesté.

Demande-lui s'il a des conseils à te donner.

Ressens ensuite ce que l'arbre ressent et quel est son lien avec la Nature.

Enfin, remercie-le du fond du cœur pour cette rencontre et dis-lui au revoir.

# Les Sens en Éveil

Sais-tu que tu possèdes cinq super sens : la vue, l'ouïe, le toucher, le goût et l'odorat ?

Chaque sens a de super pouvoirs, car ils te permettent de capter plein d'informations nécessaires à la vie de tous les jours, mais aussi d'avoir simplement des sensations, de ressentir des choses agréables, de prendre du plaisir, etc.

Il est important de faire tous ces exercices en te concentrant et en ressentant ce qui se passe à l'intérieur.

Voici quelques exercices pour développer **ton odorat**. Je t'invite à :

- te balader dans le jardin ou dans la nature, et aller sentir le parfum de certaines fleurs ;
- sentir toutes les odeurs qui se trouvent dans l'air que tu respires ;
- sentir les différents aliments avant de les manger, etc. ;

Voici quelques exercices pour développer **ton toucher**. Je t'invite à :

- toucher les différentes matières qui t'entourent : des pierres, du métal, du bois, de l'eau, différents tissus, du velours, du coton, etc. ;
- faire une activité de poterie pour bien ressentir la terre, les différents types de terre plus ou moins granuleuse ;
- sentir de la crème et la mettre sur son corps ;
- sentir le souffle de quelqu'un sur ta peau, etc.

Voici quelques exercices pour développer **ton goût**. Je t'invite à :

- goûter les différents types de saveur en fermant tes yeux : un goût amer avec le pamplemousse par exemple, un goût acide avec le citron ;
- goûter différents types d'aliments comme le sucre, le sel, etc.

Voici quelques exercices pour développer **l'ouïe**. Je t'invite, les yeux ouverts ou fermés, à :

- écouter différents instruments ;
- écouter différentes notes de musique ;
- écouter le chant des oiseaux, le bruit des différents animaux ;
- écouter un dessin animé sans regarder l'écran ;
- écouter quelqu'un autour de toi faire des bruits (les yeux fermés), deviner où il se trouve et quel bruit il fait, etc.

Voici quelques exercices pour développer **ta vue**. Je t'invite à :

- observer toutes les couleurs autour de toi ;
- à partir d'un nuancier de couleurs, observer les différences entre les nuances d'une même couleur ;
- créer toi-même une couleur en en mélangeant deux ;
- observer les formes, etc.

# Pouvoir de la relaxation

La relaxation, c'est un super pouvoir, car il permet de se sentir pleinement détendu·e et en pleine forme. Si ce pouvoir est important, c'est parce que les personnes qui ne prennent pas le temps de se relaxer sont tendues, ont mal partout et sont de mauvaise humeur. Utilise ce pouvoir pour être vraiment zen, cela te permettra de donner encore plus de force à tous tes autres super pouvoirs. En effet, plus tu es calme et plus tu te maîtrises ; et plus tu te maîtrises, mieux tu sais t'écouter afin d'employer tes facultés de la meilleure des façons !

# La Plume et les Nuages

Tout d'abord, ferme les yeux et imagine un ciel nuageux.

Je te propose de souffler doucement sur les nuages, afin que ceux-ci s'éloignent et laissent apparaître le soleil. Souffle pour de vrai avec ta bouche tout en gardant tes yeux fermés. Fais-le lentement, avec douceur…

Lorsque le ciel est dégagé et le soleil à nouveau visible, imagine alors que tu deviens une petite plume. Tu es de plus en plus légère. Le souffle du vent te porte dans les airs, dans le ciel. Tu te sens libre et légère, tu voles en tournoyant. Vole, petite plume, va là où le vent te porte.

Lorsque le vent cesse, petite plume, reviens et atterris en douceur.

Redescends doucement du ciel et pose-toi là où tu le souhaites, dans l'endroit de tes rêves où tout est beau et lumineux.

Lorsque ton voyage est terminé, reviens bien dans ton corps. Touche-le, respire profondément et marche lourdement sur le sol afin de bien t'ancrer.

# Le Silence Intérieur

Je te propose de laisser entrer le silence en toi le temps d'un instant, et ce, afin de bien ressentir ce qui se passe en toi et tout autour. Les grands magiciens savent combien il est important d'être à l'écoute.

Ouvre au silence les portes de ton royaume intérieur et invite-le à entrer.

Cherche le joli château qui se trouve dans ta tête. C'est ton for intérieur.

Ouvre les portes de ton joli château intérieur et propose à Monsieur Silence d'entrer.

Il entre dans le château et instaure le silence en ton for intérieur. Tout est calme et paisible.

Tu peux l'aider à instaurer le silence en toi en te concentrant sur une image, ou en pensant à toutes les parties de ton corps, en commençant par la tête, puis le cou, relâche tes épaules, ouvre tes mains, et passe ainsi tout ton corps en revue jusqu'aux orteils.

# Les Massages

Le corps est intelligent et sait exactement ce dont il a besoin, le tout est d'être bien à son écoute.

Tout en faisant ces exercices, il est important d'être bien détendu·e et de respirer profondément et librement. En effet, lorsque le corps est détendu, il fonctionne beaucoup mieux.

Toute l'énergie qui se trouve à l'intérieur peut circuler librement et alimenter tous les organes au maximum. L'énergie circule à travers une multitude de canaux, comme les voitures sur les autoroutes. Il est important que la circulation soit fluide, sinon, il y a des embouteillages. L'énergie dans le corps est alors bloquée. Lorsqu'on est détendu et qu'on respire, l'énergie peut à nouveau circuler et alimenter les organes.

La peau aime qu'on la touche, car elle possède une multitude de petits capteurs à sa surface, telles de petites bouches. Elle adore ! Elle se sent stimulée et plus vivante. Elle capte encore mieux les informations qui viennent de l'extérieur. Elle peut aussi mieux décharger les tensions.

En faisant ces exercices, il est important d'être à l'écoute de ton corps et d'observer comment tu te sens, ce qui se passe à l'intérieur. Cela développe la sensibilité, mais aussi la détente, le bien-être, l'introspection et la réception des messages que l'on peut percevoir de l'extérieur, et l'intuition.

Mon ami·e, je t'invite, si tu le souhaites, à :

- écouter la petite voix de ton corps à tout moment de la journée ;
- écouter spécialement lorsque tu as mal, pour savoir où tu as mal exactement et ce dont tu as besoin ;

- caresser tes bras, tes jambes, toutes les parties du corps qui le demandent, avec une plume, un petit cylindre en bois, ou tout autre objet agréable ;
- imaginer que tes mains sont de petites pattes de chat et les promener doucement partout sur ton corps ;
- imaginer que tes doigts sont comme un petit ver de terre qui se balade sur ton corps en exerçant une pression plus ou moins forte ;
- prendre des petits bonshommes en caoutchouc ou en toute autre matière et les balader sur ton corps avec une pression plus ou moins forte ; tu peux même prendre des petites voitures et les faire rouler sur toi !
- faire un petit point au feutre sur un endroit précis du corps et rester concentré·e sur ce point en ressentant tout ce qui se passe à cet endroit-là, etc.

# Pouvoir du sommeil

Le sommeil est important, car il permet à ton corps de se reposer et de mettre de l'ordre en lui. Lorsque notre pouvoir du sommeil est au top, nous pouvons dormir profondément. Pendant ce temps, le corps recharge ses batteries. Au matin, cela nous permet d'être en pleine forme, prêts à vivre une superbe journée ! Je te laisse tirer une carte magique afin de découvrir quel super pouvoir tu peux utiliser pour t'aider à bien dormir… Tu peux les utiliser dès ce soir ou un autre jour, quand cela te plaira. J'espère que mes cartes et leurs exercices t'aideront à dormir profondément et sereinement !

# Le Super Chevalier et la Princesse

Imagine que ta chambre est ton château. Tu y es parfaitement en sécurité, car ses murs sont solides et des gardiens, grands et forts, en surveillent la porte d'entrée.

Imagine que tu es un super chevalier ou bien une super princesse.

Si tu es un super chevalier, sache que tu possèdes un super bouclier magique. Utilise-le pour te protéger. Utilise-le si tu as peur.

De plus, tu détiens une épée magique. Elle te protégera et t'aidera à te défendre si besoin.

Enfin, si quelque chose t'effraie quand tu es dans ta chambre, tu peux appeler « Dragos », le dragon de feu. Il viendra te défendre. N'oublie pas de le remercier après.

Si tu es une super princesse, sache que tu possèdes une belle baguette magique. Utilise-la si quelque chose te fait peur !

Enfin, si quelque chose t'effraie, tu peux appeler « Elena », la licorne magique. Elle viendra te protéger. Et surtout, n'oublie pas de la remercier !

# Les Paillettes d'Endormissement et la Luciole Magique

Le soir, avant de dormir, prends de la poudre de paillettes d'endormissement et saupoudres-en sur ton lit, ton oreiller, tes draps et sur toi-même. Ensuite, appelle le Roi du Sommeil qui va t'aider à t'endormir paisiblement. Je suis certaine que cela va t'aider à passer une nuit sereine.

Aussi, mon ami·e, si tu as peur du noir, tu peux placer une luciole magique qui veille sur toi durant ton sommeil ; ça s'appelle aussi une veilleuse. Je sais que les lucioles dissuadent les méchants, les monstres et les cauchemars d'approcher les gentils enfants.

# L'Élixir Magique

Remplis une petite fiole, une petite bouteille ou un verre d'eau tiède, et rajoutes-y éventuellement du sirop de couleur. Tu peux aussi y faire infuser un ingrédient secret et magique si ton eau est tiède : de la camomille. Émets ensuite l'intention que cette potion, cet élixir, te fasse du bien, t'apaise, en prononçant la phrase :

« Grâce à cette potion, je vais de mieux en mieux, mon sommeil est profond, je vais bien dormir ! Aboudabri Boum ! » Tu peux aussi utiliser cet élixir quand tu es malade. Il te suffit de demander à un adulte de mettre un ingrédient magique et secret dedans et de répéter la formule magique suivante : « Ma potion est magique, elle guérit tous mes bobos, Aboudabri boum bahoum ! »

# Pouvoir de la guérison

Le pouvoir de la guérison permet de nous soigner lorsque nous sommes malades ou lorsque nous nous blessons.

D'ailleurs, on parle très souvent des blessures extérieures ou de la maladie, mais on ne parle que très rarement des blessures intérieures. Pourtant, elles font tout aussi mal. Sais-tu de quoi je parle ? Tu as déjà remarqué que parfois, nous sommes blessés intérieurement, comme si nous avions mal en nous. Par exemple, si un·e ami·e te dit quelque chose de méchant, cela peut te faire de la peine, ça peut te faire mal au cœur…

Personnellement, je détestais lorsque les autres se moquaient de moi ou me rejetaient. Cela me rendait extrêmement malheureuse. J'ai eu l'heureuse chance que mon amie Rebecca la fée m'ait donné quelques conseils pour affronter à nouveau ce genre de douleur.

Je vais te les confier à mon tour : pour ne plus que le rejet me fasse de la peine, j'ai appris à me satisfaire de moi-même. Je m'aime et je m'apprécie, et tant pis si les autres ne veulent pas de moi. J'ai, tout comme toi, une grande valeur, et c'est leur problème s'ils ne la perçoivent pas. Un jour, ils se rendront compte de leur erreur et ils comprendront. Si toi aussi on te rejette parfois, sache que ce n'est pas grave, au contraire. C'est le moment de passer du temps avec toi-même, sache l'apprécier. Garde en mémoire que tu es une personne extraordinaire. Les autres sont certainement jaloux de toi. Si l'on se sent différent des autres, ça n'a rien de gênant, bien au contraire ! Ce sont nos différences qui nous rendent uniques et merveilleux. Moi, j'adore être différente, ça me rend vraiment unique, c'est une vraie chance !

Ensuite, lorsque je ressens une blessure d'abandon, c'est-à-dire lorsque j'ai le sentiment que les autres me délaissent, j'essaie de leur expliquer ce qui se passe en moi : je leur exprime le fait que j'ai besoin d'eux. Un jour, j'avais l'impression que ma maman ne m'aimait plus. Elle passait moins de temps avec moi. J'avais le sentiment qu'elle me délaissait. Je me sentais seule et abandonnée. J'ai pris mon courage à deux mains et j'ai été lui dire ce que je ressentais. Elle m'a prise dans ses bras et m'a dit qu'elle était juste très occupée et qu'elle m'aimait toujours autant. Tu vois, en fait, nous nous faisons souvent de fausses idées. De toute façon, nous ne sommes jamais seul·es, car nos Anges dans le Ciel veillent sur nous. N'oublie pas de les appeler si tu as de la peine ou du chagrin.

Est-ce que toi, tu as des blessures intérieures ? Est-ce qu'une situation ou une personne te fait mal au cœur ?

Pour aider cette blessure à cicatriser, il faut t'envoyer plein d'amour, car tu le mérites !

Tu es une personne géniale, on ne peut que t'aimer et t'accepter. De ton côté, essaie de développer un autre super pouvoir qui est celui de l'estime de soi. C'est un pouvoir qui consiste à s'aimer énormément. Ce pouvoir est spectaculaire, car plus tu t'aimeras, plus tu te sentiras bien. Et plus tu te sentiras bien, plus les autres viendront vers toi. Waouh ! C'est formidable !

Ah, j'ai failli oublier ! Lorsque les autres s'en prennent à toi soit à travers des paroles (en disant des méchancetés, par exemple), soit à travers des gestes (en te donnant un coup de pied, par exemple), n'oublie jamais que c'est contre eux-mêmes qu'ils sont en colère. Malheureusement, tu es la personne envers qui ils expriment leur mécontentement. Beaucoup d'êtres humains agissent ainsi, tout simplement parce qu'ils n'ont pas encore découvert le pouvoir des émotions et ne savent donc pas les gérer.

# Les Ouvriers Intérieurs

Ferme les yeux et plonge tes yeux magiques à l'intérieur de ton corps. Regarde dedans : une armée de petits ouvriers se trouve à l'intérieur.

Chaque ouvrier a une grande mission dans ton corps : certains s'occupent des battements de ton cœur, d'autres de ta digestion, certains vérifient la régénération de ta peau, etc.

Je t'invite à regarder en toi ce que font ces ouvriers. Décris-moi ce que tu vois.

Étant donné que tu es leur chef, vérifie qu'ils font bien leur travail.

Si un ouvrier devient paresseux, ordonne-lui avec amour de retourner au travail.

Si un ouvrier manque à l'appel, ordonne-lui avec amour de revenir.

Si un ouvrier sort du rang, ordonne-lui avec amour de se ranger correctement.

Une fois ton travail de chef terminé, remercie tes ouvriers !

# Les Couleurs

Ferme les yeux, ressens ce qui se passe en toi. Puis, appelle mon perroquet magique, mon ami Coco-Couleurs, pour qu'il vienne répandre toutes les belles couleurs de ses plumes sur toi et autour de toi. Essaie de ressentir le pouvoir magique de chacune de ses couleurs. Tu peux ensuite réaliser un dessin guérisseur avec la couleur qui te fait le plus de bien, tout en prenant le temps de t'imprégner d'elle, de la ressentir en toi. Un dessin guérisseur, c'est un dessin qui aspire ta douleur ; une fois qu'il a terminé son travail, que tu te sens mieux, il te suffit de le remercier et de le déchirer en confettis avant de jeter ces petits morceaux à la poubelle. En réalisant ton dessin, répète cette formule magique : « Les couleurs enlèvent ma douleur ! »

# L'Alimentation Joyeuse et Positive

Connais-tu le pouvoir des aliments ? Ils nous permettent d'être en bonne santé, de grandir, d'acquérir force et énergie, de garder le corps sain et plein de vitalité.

Si tu as pioché cette carte, on te propose pendant une semaine de manger plus sainement.

De quelle manière ?

Il est important de remercier d'abord les aliments que tu ingères, et, pourquoi pas, toutes les personnes qui ont participé à ce que cet aliment se trouve dans ton assiette. C'est important de se rendre compte combien on a la chance de pouvoir manger à sa faim. Avant de manger l'aliment, il est intéressant de l'observer (sa couleur, sa texture, sa forme, etc.), de le sentir avec les mains, de le sentir avec le nez, de le mâcher lentement, etc. De cette manière, on donne de l'énergie à l'aliment, on le reconnaît, et on va pouvoir assimiler cette énergie décuplée et en profiter !

Ensuite, il est important de remercier ton corps, car il assimile les aliments, il les digère, il les transforme ensuite en vitamines, en minéraux, en toutes les substances dont tu as besoin pour vivre. Après en avoir retiré toutes les substances nutritives, il en élimine le trop-plein. Il joue un rôle primordial dans ta vie. Sans lui, tu ne pourrais pas vivre !

Il est aussi important de bien choisir ses aliments, de manger en priorité des fruits et des légumes de saison, et si possible biologiques, c'est-à-dire cultivés sans pesticides chimiques. N'hésite pas à choisir des aliments de toutes les couleurs. En effet, chaque couleur apporte un élément nutritif différent, et le corps a besoin de toutes les catégories d'aliments et de couleurs. Il est important de manger de manière variée, et même si on n'aime pas un aliment, d'apprendre à l'aimer et à apprécier sa saveur. Le corps, les organes et tous les petits ouvriers qui se trouvent dans le corps et qui participent au traitement des aliments aiment découvrir de nouvelles saveurs.

Il est aussi important de diminuer les sucres, surtout les sucres non naturels.

C'est chouette aussi d'apprendre à connaître les qualités de chaque aliment. Ainsi, tu pourras les manger avec plus d'appétit et de gratitude, car tu sais qu'ils t'apportent de très bonnes choses.

# Pouvoir de la nature

La nature a des pouvoirs formidables sur nous. Elle permet de nous oxygéner correctement, c'est-à-dire de respirer. Elle peut aussi nous régénérer le temps d'une balade, par exemple. Elle nous permet de nous alimenter en faisant pousser des fruits et des légumes extraordinaires. Bref, la nature est super. Elle prend soin de nous, et nous devons en retour faire attention à elle. La nature est magnifique, aidons-la à rester aussi belle. Prends le temps de la contempler, de l'admirer, de lui envoyer de l'amour.

Dans la nature, tu trouveras des végétaux, des minéraux et des animaux. Ils ont tous de nombreux pouvoirs incroyables qui pourraient t'être utiles. Pour les découvrir, il te faudrait établir un contact avec ces différents règnes afin de tisser du lien entre vous. Cela serait très chouette !

Ah, au fait, sais-tu qu'heureusement, pour prendre soin de la nature, il existe « les élémentaux » ? Ce sont des êtres et des créatures fantastiques qui prennent soin de la terre, de l'air, de la végétation, des minéraux. Ce sont les fées, les elfes, les gnomes, les nains, les hobbits, les sylphes, etc. Ça serait super que tu puisses les aider dans leurs missions. Pour cela, il te suffit de prendre soin de la planète en veillant sur elle : par exemple, ne jette pas d'ordures dans la nature, utilise le moins d'emballages possible, pense à donner les jouets dont tu ne te sers plus et qui seront utiles à d'autres enfants…

Bon, j'espère que mes cartes magiques t'aideront à découvrir tous les secrets et trésors de la nature.

# Les Végétaux et les Minéraux

Je vais te confier un secret que très peu de personnes connaissent. Sais-tu qu'il est possible de communiquer avec les végétaux et les minéraux ? Eh oui, mon ami·e, il est possible d'entrer en contact avec les fleurs, les arbres, les cailloux, les rochers, etc. Je suis certaine qu'ils sauront te révéler leurs pouvoirs si tu prends soin de la nature.

Pour communiquer avec les végétaux et les minéraux, voici comment il faut s'y prendre :

- Premièrement, ouvre grand ton cœur en ressentant plein d'amour envers la nature.
- Ensuite, ouvre la porte qui te sépare des mondes magiques. Tu vas voir une magnifique lumière blanche apparaître, rejoins-la tranquillement.
- Puis, demande si un végétal ou un minéral veut bien communiquer avec toi. Ne t'en fais pas, cela prend parfois un peu de temps pour établir le contact avec eux, car ils sont méfiants. Pense donc à les saluer au quotidien, à leur envoyer de l'amour, à les flatter en les complimentant.

Il te sera ensuite facile de communiquer avec chacun d'entre eux, même si je dois avouer que certains sont parfois farouches !

Enfin, sache qu'ils ne parlent pas comme nous, ils communiquent à leur façon. Pour les entendre, il suffit d'écouter les messages qu'ils chuchotent en toi.

# Les Animaux

Les animaux ont des pouvoirs fabuleux, notamment les animaux totem ou les animaux de pouvoir. Les Amérindiens (les Indiens d'Amérique du Nord) savaient cela très bien et ils vivaient en totale harmonie avec les animaux. On peut se connecter à n'importe quel animal par le cœur et par l'intention. Les animaux ont vraiment des qualités exceptionnelles et peuvent nous aider pour toute sorte de choses. Ils peuvent aussi nous donner des conseils.

Tu peux t'imaginer dans une grotte, sur une plage, sur une montagne ou dans une forêt, dans un endroit calme en pleine nature où il n'y a personne d'autre que toi. Tu appelles un animal pour lui demander de l'aide ou des conseils. Tu peux appeler un animal précis ou laisser venir à toi l'animal dont tu as besoin. Tu peux ensuite le dessiner, cela lui fera plaisir et t'aidera à te connecter à lui. Demande-lui s'il a des messages pour toi, ou peut-être qu'il veut te transmettre de la force, des qualités, de l'énergie, etc. Avant de le quitter, surtout remercie-le et envoie-lui tout ton amour.

# La Lune et le Soleil

Sais-tu, mon ami·e, que la Lune reflète la lumière du Soleil la nuit ? Elle influence énormément ton corps, tes émotions, ton état d'âme.

Tu peux te procurer un calendrier lunaire où figurent toutes les lunaisons jour après jour. La Lune suit un cycle de plus ou moins vingt-huit jours.

Moi, je te propose d'observer le cycle de la Lune jour après jour, lorsqu'il fait nuit, et si le ciel est dégagé. Tu verras, la Lune croît d'abord jusqu'à la pleine lune, puis décroît jusqu'à la nouvelle lune. La nouvelle lune, c'est lorsque la Lune est tout près du Soleil. C'est le moment de nourrir de nouveaux projets, de nouveaux objectifs, de renouveler quelque chose dans ta vie. Plus elle croît, plus elle s'éloigne du Soleil et se remplit de la lumière et de l'énergie du Soleil.

Le premier croissant de la lune ressemble à un P, elle grossit vers la droite. Le dernier croissant de la lune ressemble à un D, elle décroît vers la gauche. À la pleine lune, c'est le moment de faire le bilan de ton nouveau projet qui est né au moment de la nouvelle lune, et qui peut être en train d'éclore. Tu peux remercier à ce moment-là l'état d'avancement de ton projet.

En tout cas, tu peux aussi la dessiner et observer l'influence qu'elle a sur ton corps. Au moment d'aller te coucher, tu peux la saluer et lui demander de t'aider à passer la nuit sereinement.

Et le Soleil, parlons du Soleil… Rends-toi compte de tout ce que tu reçois par les rayons du Soleil. Prends le temps de ressentir la chaleur sur ta peau. Tu peux demander au Soleil plus de lumière, plus de clarté.

Quand tu ressens de la joie, tu peux lui envoyer plein d'amour. Lorsque tu rayonnes et que tu es joyeux·se, tu es comme un petit Soleil, cela active ton Soleil intérieur et cela te nourrit.

# Pouvoir des peuples magiques

Dans les différents mondes que j'ai visités, j'ai rencontré des êtres et des créatures fantastiques aux pouvoirs extraordinaires. Je me suis liée d'amitié avec certains car ils étaient d'une gentillesse extrême et leur simple présence enjolivait mon existence. Laisse-moi te les présenter, je suis certaine qu'ils sauront aussi t'aider, t'encourager et t'accompagner sur ton chemin. Ils seront là pour toi comme ils l'ont été pour moi. Ne manque pas de leur envoyer de l'amour et de la gratitude en retour, je suis sûre qu'ils apprécieront.

# Les Anges

Tu dois savoir que les Anges qui sont dans le Ciel veillent sur toi et te protègent.

Sais-tu que tu as un Ange Gardien personnel qui ne s'occupe que de toi ?

Tu es unique et important·e à ses yeux, il t'aime beaucoup.

Si tu es envahi·e par la peur ou si tu as des soucis, n'hésite pas à l'appeler ou à te connecter à lui.

Pour cela, rien de plus simple, il te suffit de lui parler avec le cœur.

Pour le remercier de sa bienveillance, je t'invite à lui envoyer beaucoup d'amour.

# Les Licornes

Les licornes sont des créatures merveilleuses, fantastiques. Elles ont énormément de pouvoir et représentent la pureté. Ce sont des guérisseuses. Elles ont le pouvoir de soigner, d'enlever la douleur. Elles évacuent la tristesse et le désespoir. Pour cela, il suffit de toucher leur corne. Elles sont craintives, il faut donc s'en approcher doucement.

Rituel : ferme les yeux et imagine-toi dans une merveilleuse forêt. Là, tu vois au loin une belle clairière et tu peux y avancer doucement en observant bien tout le paysage qui s'offre à toi, à gauche et à droite. Là, tu ouvres grand ton cœur et tu appelles une licorne. Elle devrait se présenter à toi. Lorsque tu la sens venir à toi, tu peux lui dire bonjour et la remercier de sa présence. Demande-lui si tu peux toucher sa corne, et lorsque tu le fais, laisse la corne absorber toutes les émotions douloureuses que tu ressens ou la douleur de ton corps. Observe alors la magie qui opère. Avant de la quitter, n'oublie pas de lui envoyer plein d'amour et de la remercier du fond du cœur.

Si aucune licorne ne se présente, appelle Elena. C'est une licorne qui peut devenir ton amie.

# Les Dragons

Il existe des dragons d'air, de feu et d'eau. Si tu as besoin d'énergie et de force, tu peux appeler un dragon de feu. Si tu as besoin de calme et de détente, appelle un dragon d'eau. Par contre, un dragon d'air peut t'aider à obtenir de la souplesse, de la légèreté, de l'entrain.

Je t'invite à te fabriquer un cahier de dragons avec les dragons que tu vas rencontrer, en les dessinant, en donnant un nom à chacun d'eux et en faisant une liste de leurs qualités.

Rituel : ferme les yeux et imagine-toi dans une merveilleuse forêt. Là, tu vois au loin une belle clairière et tu peux y avancer doucement, en observant bien tout le paysage qui s'offre à toi à gauche et à droite. Là, tu ouvres grand ton cœur et tu appelles le dragon dont tu as besoin. Il devrait se présenter à toi. Lorsque tu le sens venir à toi, tu peux lui dire bonjour et le remercier de sa présence. Demande-lui alors tout ce dont tu as besoin, et passe autant de temps avec lui que nécessaire, jusqu'à ce que tu te sentes régénéré·e par sa présence. Avant de le quitter, n'oublie pas de lui envoyer plein d'amour et de le remercier du fond du cœur.

# Les Fées

Les fées sont des créatures très joyeuses. Elles peuvent t'aider lorsque tu es triste ou que tu t'ennuies. Elles apportent joie et créativité. Elles sont là aussi pour t'aider à créer des choses et à te soutenir dans ce que tu traverses. Il existe des fées de toute sorte. Chaque fée a une fonction particulière, alors appelle la fée dont tu as besoin. Elle peut aussi simplement te donner un conseil.

Rituel : ferme les yeux et imagine-toi dans une merveilleuse forêt ou près d'un plan d'eau. Là, tu vois au loin une belle clairière, et tu peux y avancer doucement en observant bien le paysage qui s'offre à toi. Là, tu ouvres grand ton cœur et tu appelles la fée dont tu as besoin. Elle devrait se présenter à toi. Lorsque tu la sens venir à toi, tu peux lui dire bonjour et la remercier de sa présence. Demande-lui alors tout ce dont tu as besoin, et passe autant de temps avec elle que nécessaire, jusqu'à ce que tu te sentes régénéré·e par sa présence. Avant de la quitter, n'oublie pas de lui envoyer plein d'amour et de la remercier du fond du cœur.

# Pouvoir des chakras

As-tu déjà entendu parler des chakras ? Ce sont des petites toupies qui tournent dans notre corps. Ces toupies aspirent l'énergie qui nous entoure afin de la redistribuer dans notre corps dans le but d'assurer son équilibre. En plus, elles nourrissent tes organes pour que ton corps puisse fonctionner à merveille !

Notre corps, justement, a besoin de cette énergie pour fonctionner, tout comme une voiture a besoin d'essence pour avancer. Si tu veux voir l'énergie qui nous entoure, il faut utiliser tes yeux magiques. Pour cela, ferme tes vrais yeux et utilise les yeux qui te permettent d'imaginer et de rêver. Alors, les vois-tu ces toupies ? Si tu ne les vois pas, tu peux peut-être les ressentir ? Les sens-tu tourner ? Si tu sens qu'une toupie te dérange ou est bloquée, c'est qu'elle est déréglée. Elle devient alors lourde et encombrante.

Ah, au fait ! J'allais oublier ! Tu ne sais peut-être pas ce qu'est l'énergie ? L'énergie est faite de courants magiques et invisibles qui nous entourent et qui circulent dans tout l'Univers. C'est un peu comme de toutes petites vibrations en mouvement partout et autour de nous. Ces petites vibrations sont si nombreuses dans l'Univers qu'elles représentent une force énorme.

Revenons à nos chakras. Nous avons en tout sept chakras très importants :

- Une petite toupie violette au sommet de ton crâne et une autre toupie bleu foncé au milieu de ton front. Elles te permettent de rester en connexion avec les mondes invisibles qui t'entourent ainsi qu'avec les êtres extraordinaires qui vivent sur les plans supérieurs de lumière.

- Tu as aussi une petite toupie bleu clair dans le creux de ta gorge. Lorsque tu as du mal à t'exprimer ou que tu manques de confiance en toi, c'est cette toupie que tu dois écouter, sinon, elle risque de se mettre à tourner de travers.
- Tu peux aussi trouver une toupie verte au niveau de ton cœur et une toupie jaune dans le creux tout près de ta poitrine. Ce sont dans ces toupies que vont se cacher tes émotions. Je vais t'apprendre à nettoyer ces toupies, ces chakras, afin que les émotions négatives ne puissent plus t'embêter.
- Enfin, une toupie orange se situe sous ton nombril et une toupie rouge entre tes jambes. Veille à ne pas être trop rêveur·se si tu ne veux pas les dérégler !

Afin d'être en pleine forme et de se sentir bien, deux choses sont essentielles : écouter tes chakras, et bien les nettoyer. Pour écouter tes chakras, il suffit de prêter attention à ce qui se passe en toi. Tes chakras ont beaucoup de choses à te dire, et, si tu ne les écoutes pas, ils risquent de se salir. Dans ce cas, la toupie tourne mal, trop vite ou plus du tout !

Si tu sens que l'une de ces toupies te dérange, elle est peut-être bloquée ou déréglée. Pour cela, je vais te révéler des exercices secrets qui pourront t'aider à en prendre soin.

# Les Moulins

Ferme tes yeux et observe tes toupies, puis transforme-les en petits moulins.

Pour réguler la vitesse des ailes des moulins, il faut que tu inspires et expires profondément et lentement. Lorsque l'air entre en toi, ton ventre se gonfle comme un gros ballon. Lorsque l'air sort de toi, ton ventre redevient plat. Surtout, souffle tout doucement : le but du jeu est de faire cela le plus lentement possible, sinon les règles des moulins vont se dérégler et faire n'importe quoi !

Plus ta respiration est calme, plus les ailes des moulins tournent à la bonne vitesse, et donc tes toupies aussi.

Quand les ailes des moulins semblent être à la bonne vitesse, c'est que ton exercice est réussi, mon ami·e !

# Les Cages

Ah, j'ai oublié de te dire ! Parfois, des choses s'accumulent au niveau de tes chakras – tu sais, tes petites toupies – et alors, elles ont du mal à tourner ! Tu dois donc tout déblayer et nettoyer afin de libérer leur mouvement. Pour cela, j'ai une super astuce que tu peux utiliser.

Tu transformes tes petites toupies en cages. Chaque toupie devient une cage ; observe leur couleur…

Ces cages sont fermées et des oiseaux se trouvent à l'intérieur.

Peux-tu les voir ? Combien y a-t-il d'oiseaux dans chaque cage ?

Respire calmement afin d'aider les petits oiseaux agités à se calmer.

C'est bon ? Les oiseaux sont-ils calmes ?

Dès que c'est le cas, tu peux ouvrir chaque cage afin de les libérer.

Tous les oiseaux s'envolent et regagnent le ciel. C'est magnifique !

Les cages sont vides désormais. Est-ce que tu ressens comme ça fait du bien, comme tu te sens plus léger·ère ? Tu peux les refermer et respirer tranquillement. Vois-tu comme la lumière s'infiltre en toi et circule librement en ton intérieur ?

Transforme les cages en toupies, replace-les comme il faut, relance-les doucement et observe-les tourner…

# Conclusion

J'espère que ce grimoire magique te procure le plus grand bien. Surtout, n'hésite pas à m'appeler durant ton sommeil, dans tes rêves, je pourrai ainsi venir te rendre visite !

Je vais partager avec toi la chanson secrète que je chante pour me féliciter chaque fois que j'utilise un des pouvoirs qui se trouvent dans cet ouvrage :

« La vie est belle, elle est merveilleuse, j'ai mille et une raisons joyeuses d'être heureuse.

La vie est magnifique, j'ai mille et une raisons magiques de me trouver unique.

Je suis divine, splendide, d'une grandeur inestimable,

C'est pour cela que les autres me trouvent géniale, aimable, formidable. »

Et toi, tu veux bien créer une chanson ? Ainsi nous la chanterons ensemble !

*Luminella*